Eiscreme und Milchshakes

Eiscreme und Milchshakes

Der pure Genuss!

Bath · New York · Singapore · Hong Kong · Cologne · Delhi
Melbourne · Amsterdam · Johannesburg · Auckland · Shenzhen

Copyright © Parragon Books Ltd
LOVE FOOD © is an imprint of Parragon Books Ltd

Design: Sabine Vonderstein
Einleitung: Linda Doeser

Alle Rechte vorbehalten. Die vollständige oder auszugsweise Speicherung, Vervielfältigung oder Übertragung dieses Werkes, ob elektronisch, mechanisch, durch Fotokopie oder Aufzeichnung, ist ohne vorherige Genehmigung des Rechteinhabers urheberrechtlich untersagt.

Copyright © für die deutsche Ausgabe
Parragon Books Ltd
Queen Street House
4 Queen Street
Bath BA1 1HE, UK

LOVE FOOD and the accompanying heart device is a registered trade mark of Parragon Books Ltd in Australia, the UK, USA, India and the EU

Realisation der deutschen Ausgabe: trans texas publishing, Köln
Lektorat: Katrin Höller, Köln

ISBN: 978-1-4454-8016-9

Printed in China

Hinweis
Sofern die Schale von Zitrusfrüchten benötigt wird, verwenden Sie unbedingt unbehandelte Früchte.
Sind Zutatenmengen in Löffeln angegeben, ist immer ein gestrichener Löffel gemeint: Ein Teelöffel entspricht 5 ml, ein Esslöffel 15 ml.
Es sollte stets frisch gemahlener schwarzer Pfeffer verwendet werden.
Einige Rezepte enthalten Nüsse. Allergiker sollten bei Rezepten, in denen Nüsse verarbeitet werden, die Nüsse weglassen.
Bei Eiern und einzelnen Gemüsesorten, z.B. Kartoffeln, verwenden Sie mittelgroße Exemplare. Kleinkinder, ältere Menschen, Schwangere, Rekonvaleszenten und gesundheitlich beeinträchtigte Personen sollten Rezepte mit rohen oder nur leicht gegarten Eiern meiden.
Die angegebenen Zubereitungszeiten können von den tatsächlichen leicht abweichen, da je nach Zubereitungsart Schwankungen eintreten.

Besonderen Dank an Corbis für die Erlaubnis, folgendes Copyright-Material auf dem Cover zu reproduzieren: Kellnerin mit Eiscreme auf dem Tablett.

Einleitung	6
Kühle Klassiker	8
Frische Fruchtaromen	28
Köstliche Kreationen	48
Perfekte Begleiter	68
Register	80

Einleitung

An einem heißen Sommertag gibt es nichts Erfrischenderes als eine köstliche Portion Eiscreme. Doch wenn diese mehr aus Eis als aus Creme besteht, schlägt die Vorfreude schnell in Enttäuschung um. Der beste Weg, solche Reinfälle zu vermeiden, ist es, eigene Eiscreme herzustellen – und das geht einfacher, als Sie denken. Dabei bestimmen Sie selbst die Konsistenz und die Zutaten. So können Sie sichergehen, dass nur natürliche Inhaltsstoffe und nicht etwa künstliche Aromen, Farb- und Konservierungsstoffe enthalten sind. Und die Auswahl an Aromen ist schier unerschöpflich: Von Klassikern mit Vanille und Schokolade über exotische Variationen mit grünem Tee bis hin zu fruchtigen Genüssen mit frischen Kirschen ist für jeden Geschmack etwas dabei. Dieses Buch enthält wundervolle Rezepte für Eiscreme, Sorbets und Milchshakes, die jeden begeistern werden. Im letzten Kapitel finden Sie zudem Rezepte für köstliche Saucen, die perfekt zu Ihrem Lieblingseis passen.

Eine leckere Sommererfrischung sind auch Milchshakes – besonders bei Kindern sehr beliebt. Frucht-Milchshakes versorgen Kinder mit gesunden Mineralien und Vitaminen; und wenn sie dann noch eine schöne Farbe haben und lustig dekoriert sind, werden Ihre Kinder begeistert sein. Doch natürlich sind Milchshakes nicht nur etwas für Kinder, sondern dank der vielen Nährstoffe auch für Erwachsene ein wunderbar gesunder Snack. So können sie als schnelles Frühstück dienen oder auch als zuckerarmer Durstlöscher für zwischendurch.

Die Zutaten für Eiscremes und Milchshakes bekommen Sie in jedem Supermarkt und sie reißen wirklich kein Loch in Ihre Haushaltskasse. Nichtsdestotrotz lohnt es sich, in qualitativ hochwertige Zutaten zu investieren, da sie meist aromatischer schmecken. Früchte sollten für die Verarbeitung unbedingt reif sein, damit ihr Aroma voll zur Geltung kommt. Auch sollten Sie hochwertige Schokolade mit mindestens 70 % Kakaoanteil verwenden. Für die Zubereitung von Eiscreme brauchen Sie ein Gefrierfach und eine Küchenmaschine oder einen Mixer. Eine Eismaschine bietet den Vorteil, dass die Zubereitung schnell vonstatten geht und Sie das Eis nicht von Hand rühren müssen. Auf der anderen Seite sind gute Eismaschinen oft kostspielig und nehmen viel Platz in der Küche ein. Wenn Sie eine Eismaschine besitzen, folgen Sie bei der Zubereitung der Eiscreme den Anweisungen des Herstellers. Für die Lagerung von Eiscreme sind gefriergeeignete, fest verschließbare Behälter unerlässlich. Aber bei den leckeren Rezepten in diesem Buch werden Sie die Eiscreme kaum länger aufbewahren müssen ...

Nehmen Sie einfach einige Grundzutaten aus dem Vorratsschrank, fügen Sie leckere Früchte hinzu, und fertig ist der Gaumenschmaus für die ganze Familie. Mit den Kreationen aus diesem Buch werden Sie zum wahren Eiscreme- und Milchshake-Meister!

Einleitung 7

Kühle Klassiker

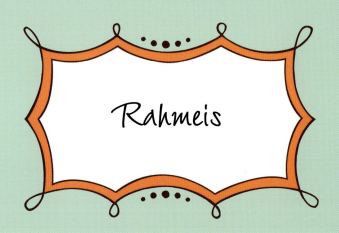

Rahmeis

Für 4 Personen

400 g Schlagsahne extra
150 ml Milch
4 Eigelb
80 g Zucker
120 g Clotted Cream (englischer dicker Rahm)
2–4 Tropfen Vanillearoma (nach Belieben)

Sahne und Milch in einem großen Topf bei geringer Hitze langsam unter Rühren erwärmen. Sobald die Mischung aufkocht, den Topf vom Herd nehmen. Eigelb und Zucker in einer Schüssel cremig schlagen, dann die warme Milchmischung einrühren.

Die Eimischung in den ausgespülten Topf geben und bei geringer Hitze 10–15 Minuten unter Rühren eindicken, bis sie auf dem Rücken eines Holzlöffels haften bleibt. Die Creme nicht aufkochen, sonst gerinnt sie.

Den Topf vom Herd nehmen und in eine große Schüssel mit Eiswasser stellen. Die Creme 1 Stunde abkühlen lassen, dabei gelegentlich umrühren, damit sich auf der Oberfläche keine Haut bildet. Dann Clotted Cream und, falls verwendet, Vanillearoma einrühren.

Bei Gebrauch einer Eismaschine die Creme hineinfüllen und nach Herstelleranweisung zu Eiscreme verarbeiten. Alternativ die Creme in einen gefriergeeigneten Behälter füllen und unbedeckt 1–2 Stunden ins Gefrierfach stellen. Dann in eine Schüssel geben und mit einer Gabel glatt rühren. Zurück in den Behälter geben und weitere 2–3 Stunden ins Gefrierfach stellen, bis die Masse fest ist.

Zur weiteren Lagerung den Behälter fest verschließen und ins Gefrierfach stellen. Die Eiscreme 15–20 Minuten vor dem Servieren aus dem Gefrierfach nehmen und im Kühlschrank leicht antauen lassen.

Schokoladen-Milchshake

Für 2 Personen

150 ml Milch
2 EL Schokoladensirup
400 g Schokoladeneiscreme
geriebene Zartbitterschokolade, zum Garnieren

Milch und Sirup mit dem Mixer oder in der Küchenmaschine kurz verrühren.

Das Schokoladeneis zufügen und die Mischung glatt mixen. Den Milchshake auf zwei große Gläser verteilen, die geriebene Schokolade darüberstreuen und sofort servieren.

Stracciatella-Eis

Für 4–6 Personen

300 ml Milch

1 Vanillestange

3 Eigelb

80 g Zucker

300 g Schlagsahne

120 g Vollmilchschokolade, in kleinen Stücken

in Schokolade getauchte Eiswaffeln, zum Servieren

Milch und Vanillestange in einem großen Topf bei geringer Hitze erwärmen. Sobald die Milch aufkocht, den Topf vom Herd nehmen und alles 30 Minuten ziehen lassen. Eigelb und Zucker in einer Schüssel cremig schlagen. Die Vanillestange aus der Milch entfernen. Die Milch unter Rühren zu der Eimischung geben und gut vermengen.

Die Masse in den ausgespülten Topf gießen und bei geringer Hitze 10–15 Minuten unter Rühren eindicken, bis sie auf dem Rücken eines Holzlöffels haften bleibt. Die Creme nicht aufkochen, sonst gerinnt sie.

Den Topf vom Herd nehmen und in eine große Schüssel mit Eiswasser stellen. Die Creme 1 Stunde abkühlen lassen, dabei gelegentlich umrühren, damit sich auf der Oberfläche keine Haut bildet. In der Zwischenzeit die Sahne steif schlagen und bis zur Verwendung in den Kühlschrank stellen.

Bei Gebrauch einer Eismaschine die Sahne unter die Creme heben, diese in die Eismaschine füllen und nach Herstelleranweisung zu Eiscreme verarbeiten; kurz bevor die Creme gefriert, die Schokoladenstücke zufügen. Alternativ die Sahne unter die Creme heben, in einen gefriergeeigneten Behälter füllen und unbedeckt 1–2 Stunden ins Gefrierfach stellen. Dann in eine Schüssel geben, die Schokoladenstücke unterheben und alles mit einer Gabel gut verrühren. Zurück in den Behälter geben und weitere 2–3 Stunden ins Gefrierfach stellen, bis die Masse fest ist. Zur weiteren Lagerung den Behälter gut verschließen und ins Gefrierfach stellen. Die Eiscreme 15–20 Minuten vor dem Servieren aus dem Gefrierfach nehmen und im Kühlschrank leicht antauen lassen. Je eine Eiskugel in eine Eiswaffel geben und sofort servieren.

Erdbeer-Sahne-Shake

Für 2 Personen

150 g gefrorene Erdbeeren
100 g Sahne
200 ml Vollmilch
1 EL Zucker
Minzeblätter, zum Garnieren
2–4 Strohhalme, zum Servieren

Erdbeeren, Sahne, Milch und Zucker mit dem Mixer oder in der Küchenmaschine glatt pürieren.

Den Milchshake auf zwei große Gläser verteilen und mit den Minzeblättern garnieren. Ein bis zwei Strohhalme in jedes Glas stecken und sofort servieren.

Sahne-Karamell-Eiscreme

Für 6 Personen

300 ml Milch

3 Eigelb

80 g brauner Zucker

450 g Dulce de leche
(Karamellcreme aus dem Glas)

300 g Schlagsahne

Die Milch in einem großen Topf bei geringer Hitze erwärmen. Sobald sie aufkocht, den Topf vom Herd nehmen. Eigelb und Zucker in einer Schüssel cremig schlagen. Die warme Milch unter Rühren langsam zugießen und alles gut vermengen.

Die Mischung in den ausgespülten Topf gießen und bei geringer Hitze 10–15 Minuten unter Rühren eindicken, bis sie auf dem Rücken eines Holzlöffels haften bleibt. Die Creme nicht aufkochen, sonst gerinnt sie.

Den Topf vom Herd nehmen, das Dulce de leche unter die Creme rühren und den Topf in Eiswasser stellen. Die Creme 1 Stunde abkühlen lassen, dabei gelegentlich umrühren, damit sich auf der Oberfläche keine Haut bildet. In der Zwischenzeit die Sahne steif schlagen und bis zur Verwendung in den Kühlschrank stellen.

Bei Gebrauch einer Eismaschine die Sahne unter die Creme heben, diese in die Eismaschine füllen und nach Herstelleranweisung zu Eiscreme verarbeiten. Alternativ die Sahne unter die Creme heben, diese in einen gefriergeeigneten Behälter füllen und unbedeckt 1–2 Stunden ins Gefrierfach stellen. Dann in eine Schüssel geben und alles mit einer Gabel gut verrühren. Zurück in den Behälter geben und weitere 2–3 Stunden ins Gefrierfach stellen, bis die Masse fest ist.

Zur weiteren Lagerung den Behälter gut verschließen und ins Gefrierfach stellen. Die Eiscreme 15–20 Minuten vor dem Servieren aus dem Gefrierfach nehmen und im Kühlschrank leicht antauen lassen.

Mokka-Shake

Für 2 Personen

200 ml Milch

50 g Sahne

1 EL brauner Zucker

2 EL Kakaopulver

1 EL Kaffeesirup oder Instantkaffeepulver

6 zerstoßene Eiswürfel

Schlagsahne und geriebene Schokolade, zum Garnieren

Milch, Sahne und Zucker mit dem Mixer oder in der Küchenmaschine kurz verrühren. Kakaopulver, Sirup und Eis zugeben und das Ganze cremig pürieren.

Den Milchshake auf zwei Gläser oder Tassen verteilen. Etwas Schlagsahne und geriebene Schokolade darübergeben und sofort servieren.

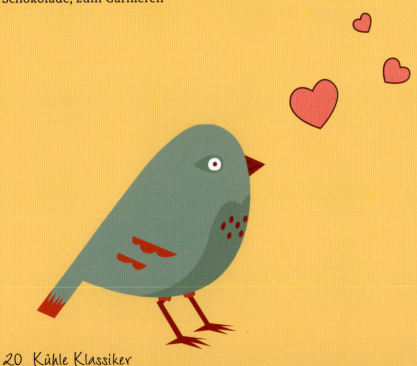

Cremiges Schokoladeneis

Für 4–6 Personen

300 ml Milch

100 g Zartbitterschokolade, in kleinen Stücken

25 g Butter

3–4 Tropfen Vanillearoma

125 g Zucker

75 g heller Zuckerrübensirup

4 Eier

300 g Schlagsahne

Waffelröllchen, zum Servieren

175 ml Milch in einen großen Topf geben. Schokolade, Butter und Vanillearoma zufügen und alles bei geringer Hitze unter Rühren erwärmen. Zucker und Sirup einrühren und alles unter Rühren zum Kochen bringen. Die Hitze reduzieren und die Mischung weitere 4 Minuten, ohne zu rühren, köcheln lassen. Den Topf vom Herd nehmen.

Die Eier in einer großen Schüssel verquirlen und die Schokoladenmischung langsam unter Rühren zugießen.

Die Mischung in den ausgespülten Topf gießen und bei geringer Hitze 10–15 Minuten unter Rühren eindicken, bis sie auf dem Rücken eines Holzlöffels haften bleibt. Die Creme nicht aufkochen, sonst gerinnt sie. Den Topf vom Herd nehmen, die restliche Milch und die Sahne unter die Creme rühren und den Topf in Eiswasser stellen. Die Creme 1 Stunde abkühlen lassen, dabei gelegentlich umrühren, damit sich auf der Oberfläche keine Haut bildet.

Bei Gebrauch einer Eismaschine die Creme einfüllen und nach Herstelleranweisung zu Eiscreme verarbeiten. Alternativ die Creme in einen gefriergeeigneten Behälter füllen und unbedeckt 1–2 Stunden ins Gefrierfach stellen. Dann in eine Schüssel geben und alles mit einer Gabel gut verrühren. Zurück in den Behälter geben und weitere 2–3 Stunden ins Gefrierfach stellen, bis die Masse fest ist.

Zur weiteren Lagerung den Behälter gut verschließen und ins Gefrierfach stellen. Die Eiscreme 15–20 Minuten vor dem Servieren aus dem Gefrierfach nehmen und im Kühlschrank leicht antauen lassen. Das Schokoladeneis auf Servierbecher verteilen und mit den Waffelröllchen servieren.

Italienisches Vanilleeis

Für 6–8 Personen

425 ml Milch
1 Vanillestange
6 Eigelb
125 g Zucker
Eiswaffeln, zum Servieren

Die Milch in einen großen Topf geben. Die Vanillestange aufschneiden und das Mark herauskratzen. Vanillemark und -stange in die Milch geben und bei geringer Hitze erwärmen. Sobald die Milch aufkocht, den Topf vom Herd nehmen und alles 30 Minuten ziehen lassen. Eigelb und Zucker in einer Schüssel cremig schlagen. Die Vanillestange aus der Milch entfernen. Die Milch unter Rühren zu der Eimischung gießen und gut vermengen.

Die Mischung in den ausgespülten Topf gießen und bei geringer Hitze 10–15 Minuten unter Rühren eindicken, bis sie auf dem Rücken eines Holzlöffels haften bleibt. Die Creme nicht aufkochen, sonst gerinnt sie. Den Topf vom Herd nehmen und in eine große Schüssel mit Eiswasser stellen. Die Creme 1 Stunde abkühlen lassen, dabei gelegentlich umrühren, damit sich auf der Oberfläche keine Haut bildet.

Bei Gebrauch einer Eismaschine die Creme einfüllen und nach Herstelleranweisung zu Eiscreme verarbeiten. Alternativ die Creme in einen gefriergeeigneten Behälter füllen und unbedeckt 1–2 Stunden ins Gefrierfach stellen. Dann in eine Schüssel geben und alles mit einer Gabel gut verrühren. Zurück in den Behälter geben und weitere 2–3 Stunden ins Gefrierfach stellen, bis die Masse fest ist.

Zur weiteren Lagerung den Behälter gut verschließen und ins Gefrierfach stellen. Die Eiscreme 15–20 Minuten vor dem Servieren aus dem Gefrierfach nehmen und im Kühlschrank leicht antauen lassen. Je eine Eiskugel in eine Eiswaffel geben und sofort servieren.

Rum-Rosinen-Eiscreme

Für 6 Personen

80 g Rosinen
3 EL Rum
600 g Schlagsahne
1 Vanillestange
4 Eigelb (Größe L)
120 g Zucker

Rosinen und Rum in einer Schüssel verrühren und 2–3 Stunden unter gelegentlichem Rühren einweichen, bis die Flüssigkeit absorbiert ist. In der Zwischenzeit die Sahne in einen großen Topf geben. Die Vanillestange aufschneiden und das Mark herauskratzen. Vanillemark und -stange in die Sahne geben und bei geringer Hitze erwärmen. Sobald die Sahne aufkocht, den Topf vom Herd nehmen und alles 30 Minuten ziehen lassen. Eigelb und Zucker in einer Schüssel cremig rühren. Die Vanillestange aus der Sahne entfernen. Dann die Sahne unter Rühren zu der Eimischung gießen und alles gut vermengen.

Die Masse in den ausgespülten Topf gießen und bei geringer Hitze 10–15 Minuten unter Rühren eindicken, bis sie auf dem Rücken eines Holzlöffels haften bleibt. Die Creme nicht aufkochen, sonst gerinnt sie.

Den Topf vom Herd nehmen und in eine große Schüssel mit Eiswasser stellen. Die Creme 1 Stunde abkühlen lassen, dabei gelegentlich umrühren, damit sich auf der Oberfläche keine Haut bildet.

Bei Gebrauch einer Eismaschine die Creme einfüllen und nach Herstelleranweisung zu Eiscreme verarbeiten. Alternativ die Creme in einen gefriergeeigneten Behälter füllen und unbedeckt 1–2 Stunden ins Gefrierfach stellen. Dann in eine Schüssel geben und alles mit einer Gabel gut verrühren. Zurück in den Behälter geben und weitere 2–3 Stunden ins Gefrierfach stellen, bis die Masse fest ist.

Zur weiteren Lagerung den Behälter gut verschließen und ins Gefrierfach stellen. Die Eiscreme 15–20 Minuten vor dem Servieren aus dem Gefrierfach nehmen und im Kühlschrank leicht antauen lassen.

Frische Fruchtaromen

Himbeer-Sahne-Eis

Für 6–8 Personen

300 ml Milch
1 Vanillestange
200 g Zucker
3 Eigelb
350 g frische Himbeeren
6 EL Wasser
300 g Schlagsahne

Milch und Vanillestange in einem Topf bei geringer Hitze erwärmen. Sobald die Milch aufkocht, vom Herd nehmen und 30 Minuten ziehen lassen. 80 g Zucker mit dem Eigelb in einer Schüssel cremig rühren. Die Vanillestange aus der Milch entfernen. Die Milch unter Rühren zu der Eimischung geben und vermengen. Die Masse in den ausgespülten Topf gießen und bei geringer Hitze 10–15 Minuten unter Rühren eindicken, bis sie auf einem Holzlöffel haften bleibt. Die Creme nicht aufkochen, sonst gerinnt sie. Den Topf vom Herd nehmen und in eine große Schüssel mit Eiswasser stellen. Die Creme 1 Stunde abkühlen lassen, dabei gelegentlich umrühren, damit sich auf der Oberfläche keine Haut bildet.

Himbeeren, Wasser und den restlichen Zucker in einen großen Topf geben und bei geringer Hitze erwärmen, bis sich der Zucker aufgelöst hat und die Himbeeren weich sind. Die Masse durch ein Haarsieb in eine Schüssel passieren, um die Kerne zu entfernen. Abkühlen lassen. Die Sahne steif schlagen und bis zum Gebrauch in den Kühlschrank stellen. Bei Gebrauch einer Eismaschine die Sahne unter die Creme rühren, diese in die Eismaschine füllen und nach Herstelleranweisung zu Eiscreme verarbeiten; kurz bevor die Masse gefriert, die Hälfte der Mischung in einen gefriergeeigneten Behälter füllen und die Hälfte des Himbeerpürees darauf verteilen. Diesen Vorgang noch einmal wiederholen und den Behälter 1–2 Stunden ins Gefrierfach stellen. Alternativ die Sahne unter die Creme rühren, in einen gefriergeeigneten Behälter füllen und unbedeckt 1–2 Stunden ins Gefrierfach stellen. Dann in eine Schüssel geben und alles gut verrühren. Die Hälfte der Mischung in einen gefriergeeigneten Behälter geben und die Hälfte des Himbeerpürees darauf verteilen. Diesen Vorgang noch einmal wiederholen und den Behälter 2–3 Stunden ins Gefrierfach stellen. Zur Lagerung den Behälter verschließen und ins Gefrierfach stellen. Die Eiscreme 15–20 Minuten vor dem Servieren aus dem Gefrierfach nehmen und im Kühlschrank leicht antauen lassen.

Sorbet aus roten Beeren

Für 6 Personen

250 g frische rote Johannisbeeren, plus einige mehr zum Garnieren

250 g frische Himbeeren, plus einige Beeren zum Garnieren

175 ml Wasser

120 g Zucker

150 ml Cranberry- oder Preiselbeersaft

2 Eiweiß

Waffelschalen, zum Servieren

Die Johannisbeeren mithilfe einer Gabel von den Stielen streifen und mit den Himbeeren in einen großen Topf geben. 2 Esslöffel Wasser zugeben und alles bei mittlerer Hitze 10 Minuten erwärmen, bis die Beeren weich sind. Die Beeren durch ein Haarsieb in eine Schüssel passieren.

Zucker und restliches Wasser in den ausgespülten Topf geben und unter Rühren sanft erhitzen, bis sich der Zucker aufgelöst hat. Zum Kochen bringen und ohne Rühren 10 Minuten zu einem Sirup einkochen; darauf achten, dass er nicht braun wird. Den Topf vom Herd nehmen und den Sirup mindestens 1 Stunde abkühlen lassen. Beerenpüree und Cranberry- oder Preiselbeersaft in den erkalteten Sirup rühren.

Bei Gebrauch einer Eismaschine die Fruchtmasse einfüllen und nach Herstelleranweisung zu Sorbet verarbeiten. Kurz bevor die Masse gefriert, die Eiweiß zu festem, aber nicht trockenem Eischnee schlagen, diesen unter die Masse heben und weiter gefrieren. Alternativ die Fruchtmasse in einen gefriergeeigneten Behälter füllen und unbedeckt 3–4 Stunden ins Gefrierfach stellen, bis sie breiig ist. Dann in eine Schüssel geben und alles mit einer Gabel gut verrühren. Das Eiweiß schlagen, bis es gerade steif ist, und unter die Sorbetmasse heben. Zurück in den Behälter geben und weitere 3–4 Stunden ins Gefrierfach stellen, bis das Sorbet fest ist.

Zur weiteren Lagerung den Behälter gut verschließen und ins Gefrierfach stellen. Das Sorbet 15–20 Minuten vor dem Servieren aus dem Gefrierfach nehmen und im Kühlschrank leicht antauen lassen. In Waffelschalen anrichten, mit Johannisbeeren und Himbeeren garnieren und servieren.

Eis mit Kirschstücken

Für 6 Personen

120 g Zucker

150 ml Wasser

250 g frische Kirschen, entsteint, plus einige mehr mit Stiel zum Dekorieren

2 EL frisch gepresster Orangensaft

300 g Schlagsahne extra

150 g Sahne

Zucker und Wasser in einem großen Topf bei geringer Hitze unter Rühren erwärmen, bis sich der Zucker aufgelöst hat. Aufkochen und 3 Minuten einkochen lassen. Die Hitze reduzieren, die Kirschen zufügen und alles 10 Minuten köcheln lassen, bis die Kirschen weich sind. Vom Herd nehmen und abkühlen lassen.

Die Kirschen mit Sirup und Orangensaft in einer Küchenmaschine oder mit dem Mixer kurz bearbeiten, bis die Kirschen grob zerkleinert sind; sie sollten nicht püriert sein; es sollten noch Stückchen erkennbar sein. Schlagsahne und Sahne in einer Schüssel glatt rühren. Die Kirschstücke zufügen und alles gut vermengen.

Bei Gebrauch einer Eismaschine die Creme einfüllen und nach Herstelleranweisung zu Eiscreme verarbeiten. Alternativ die Creme in einen gefriergeeigneten Behälter füllen und unbedeckt 1–2 Stunden ins Gefrierfach stellen. Dann in eine Schüssel geben und alles mit einer Gabel gut verrühren. Zurück in den Behälter geben und weitere 2–3 Stunden ins Gefrierfach stellen, bis die Masse fest ist.

Zur weiteren Lagerung den Behälter gut verschließen und ins Gefrierfach stellen. Die Eiscreme 15–20 Minuten vor dem Servieren aus dem Gefrierfach nehmen und im Kühlschrank leicht antauen lassen. Die Eiscreme auf Servierschalen verteilen, mit den ganzen Kirschen dekorieren und sofort servieren.

Pfirsich-Orangen-Shake

Für 2 Personen

100 ml Milch

125 g Pfirsichjoghurt

100 ml Orangensaft

250 g Pfirsichstücke aus der Dose, abgetropft

6 zerstoßene Eiswürfel

Orangenzesten, zum Garnieren

Milch, Joghurt und Orangensaft mit dem Mixer oder in der Küchenmaschine kurz verrühren.

Pfirsichstücke und Eiswürfel zufügen und alles glatt pürieren. Den Milchshake auf zwei Gläser verteilen, mit den Orangenzesten garnieren und sofort servieren.

Sommerfrucht-Smoothie

Für 2 Personen

100 ml Sprudelwasser
4 EL Orangensaft
1 EL Limettensaft
350 g gefrorene gemischte Beeren, z.B. Blaubeeren, Himbeeren, Brombeeren und Erdbeeren
4 zerstoßene Eiswürfel

Sprudelwasser, Orangen- und Limettensaft mit dem Mixer oder in der Küchenmaschine kurz verrühren.

Beeren und Eiswürfel zugeben und alles kurz pürieren.

Den Smoothie auf zwei Gläser verteilen und sofort servieren.

Traubenschorle mit Sorbet

Für 2 Personen

125 g dunkle kernlose Trauben
200 ml Sprudelwasser
2 große Kugeln Zitronensorbet
2 Limettenscheiben, zum Garnieren

Trauben, Sprudelwasser und Zitronensorbet mit dem Mixer oder in der Küchenmaschine kurz glatt pürieren.

Auf zwei Gläser verteilen, mit jeweils einer Limettenscheibe garnieren und sofort servieren.

Bananen-Shake mit Gewürzen

Für 2 Personen

300 ml Milch

½ TL Gewürzmischung (Zimt, Ingwer, Nelken, Muskatnuss, Piment), plus etwas mehr zum Garnieren

150 g Bananeneis

2 Bananen, in Stücke geschnitten und tiefgefroren

Milch, Gewürze und Bananeneis mit dem Mixer oder in der Küchenmaschine kurz verrühren. Die Bananen zufügen und alles glatt pürieren.

Den Milchshake auf zwei Gläser verteilen, etwas Gewürz darüberstreuen und sofort servieren.

Mango-Sorbet

Für 4–6 Personen

2 große, reife Mangos, geschält, entsteint, in Stücke geschnitten, den Saft aufgefangen, plus einige Scheiben zum Garnieren

Saft von 1 Zitrone

1 Prise Salz

150 g Zucker

3 EL Wasser

Das Fruchtfleisch zusammen mit dem aufgefangenen Saft, Zitronensaft und Salz in der Küchenmaschine oder mit dem Mixer glatt pürieren. Das Püree durch ein Haarsieb in eine Schüssel passieren.

Zucker und Wasser in einen großen Topf geben und unter Rühren sanft erhitzen, bis sich der Zucker aufgelöst hat. Ohne Rühren zum Kochen bringen. Den Topf vom Herd nehmen und den Sirup etwas abkühlen lassen.

Den Sirup über das Mangopüree gießen und alles gut verrühren. Die Masse 2 Stunden im Kühlschrank abkühlen lassen.

Bei Gebrauch einer Eismaschine das abgekühlte Mangopüree einfüllen und nach Herstelleranweisung zu Sorbet verarbeiten. Alternativ das Mangopüree in einen gefriergeeigneten Behälter füllen und unbedeckt 2–3 Stunden ins Gefrierfach stellen, bis es breiig ist. Dann in eine Schüssel geben und alles mit einer Gabel gut verrühren. Zurück in den Behälter geben und weitere 3–4 Stunden ins Gefrierfach stellen, bis das Sorbet fest ist.

Zur weiteren Lagerung den Behälter gut verschließen und ins Gefrierfach stellen. Das Sorbet 15–20 Minuten vor dem Servieren aus dem Gefrierfach nehmen und im Kühlschrank leicht antauen lassen. Mit den Mangoscheiben garniert servieren.

Pflaumenschaum

Für 2 Personen

4 reife Pflaumen, entsteint
200 ml eiskalte Milch
2 Kugeln Bourbon-Vanilleeis
Haferkekse, zum Servieren

Pflaumen, Milch und Eis mit dem Mixer oder in der Küchenmaschine schaumig mixen.

Den Schaum auf zwei Gläser verteilen und zusammen mit den Haferkeksen sofort servieren.

Köstliche Kreationen

Eis mit Karamell und Pekannüssen

Für 6 Personen

300 ml Milch
50 g Butter
85 g brauner Zucker
2 Eier
70 g Zucker
3–4 Tropfen Vanillearoma
300 g Schlagsahne
100 g Pekannüsse, fein gehackt

Die Milch in einen Topf geben und bis kurz vor dem Siedepunkt erhitzen. Den Topf vom Herd nehmen. Die Butter in einem großen Topf zerlassen, den braunen Zucker einstreuen und unter Rühren etwa 1 Minute zerlassen, bis er leicht karamellisiert. Vom Herd nehmen und langsam die Milch einrühren. Zurück auf den Herd stellen und unter Rühren erwärmen, bis sich alles gut verbunden hat. Den Topf vom Herd nehmen und die Mischung leicht abkühlen lassen. Eier und Zucker in einer großen Schüssel cremig rühren. Nach und nach die warme Milchmischung zugießen und einarbeiten. Dann das Vanillearoma unterrühren. Die Masse in den ausgespülten Topf gießen und bei geringer Hitze 10–15 Minuten unter Rühren eindicken, bis sie auf dem Rücken eines Holzlöffels haften bleibt. Die Creme nicht aufkochen, sonst gerinnt sie. Den Topf vom Herd nehmen und in eine große Schüssel mit Eiswasser stellen. Die Creme 1 Stunde abkühlen lassen, dabei gelegentlich umrühren, damit sich auf der Oberfläche keine Haut bildet.

Die Sahne steif schlagen und bis zur Verwendung in den Kühlschrank stellen. Bei Gebrauch einer Eismaschine die Sahne unter die Creme heben, diese in die Eismaschine füllen und nach Herstelleranweisung zu Eiscreme verarbeiten; kurz bevor die Masse gefriert, die Pekannussstücke zufügen. Alternativ die Sahne unter die Creme heben, diese in einen gefriergeeigneten Behälter füllen und unbedeckt 1–2 Stunden ins Gefrierfach stellen. Dann in eine Schüssel geben und alles mit einer Gabel gut verrühren. Die Pekannussstücke unterheben, die Creme zurück in den Behälter geben und weitere 2–3 Stunden ins Gefrierfach stellen, bis die Masse fest ist. Zur weiteren Lagerung den Behälter gut verschließen und ins Gefrierfach stellen. Die Eiscreme 15–20 Minuten vor dem Servieren aus dem Gefrierfach nehmen und im Kühlschrank leicht antauen lassen.

Schoko-Minz-Shake

Für 4 Personen

600 ml eiskalte Milch

6 EL Trinkschokoladenpulver

200 g Sahne

3–4 Tropfen Pfefferminzaroma

4 Kugeln Schokoladen-Minz-Eiscreme

Minzeblätter, zum Dekorieren

Die Hälfte der Milch in einen großen Topf geben und das Schokoladenpulver einrühren. Die Mischung bei geringer Hitze unter Rühren bis kurz unter dem Siedepunkt erhitzen. Den Topf vom Herd nehmen.

Die Schokoladenmilch in eine große, gekühlte Schüssel geben und die restliche Milch einrühren. Sahne und Pfefferminzaroma zugießen und alles gut verquirlen, bis die Mischung kalt ist.

Die Mischung auf vier Gläser verteilen und je eine Kugel Eiscreme hineingeben. Mit Minzeblättern garnieren und sofort servieren.

Champagner-Sorbet

Für 6 Personen

250 g Zucker

300 ml Wasser

½ Flasche Rosé- oder weißer Champagner, ersatzweise Sekt

Saft von ½ Zitrone

1 Eiweiß

Zucker und Wasser in einem großen Topf bei geringer Hitze unter Rühren erwärmen, bis sich der Zucker aufgelöst hat. Zum Kochen bringen und 10 Minuten, ohne zu rühren, zu einem Sirup einkochen; dabei darauf achten, dass die Masse nicht anbräunt. Den Topf vom Herd nehmen und den Sirup mindestens 1 Stunde abkühlen lassen. Dann Champagner und Zitronensaft zugießen und alles gut verrühren.

Bei Gebrauch einer Eismaschine die Mischung einfüllen und nach Herstelleranweisung zu Sorbet verarbeiten; kurz bevor die Mischung gefriert, das Eiweiß zu festem, aber nicht trockenem Eischnee schlagen und zufügen. Alternativ die Mischung in einen gefriergeeigneten Behälter füllen und unbedeckt 3–4 Stunden ins Gefrierfach stellen. Dann in eine Schüssel geben und alles mit einer Gabel gut verrühren. Den Eischnee unterheben, die Mischung zurück in den Behälter geben und weitere 3–4 Stunden ins Gefrierfach stellen, bis sie fest ist.

Zur weiteren Lagerung den Behälter gut verschließen und ins Gefrierfach stellen. Die Eiscreme 15–20 Minuten vor dem Servieren aus dem Gefrierfach nehmen und im Kühlschrank leicht antauen lassen.

Schokoladeneis mit Krokant

Für 4–6 Personen

80 g Zartbitterschokolade, in kleinen Stücken

300 ml Milch

3 Eigelb

80 g Zucker

300 g Schlagsahne, steif geschlagen

Mandelkrokant

Pflanzenöl, zum Einfetten

100 g Zucker

2 EL Wasser

50 g abgezogene Mandeln

Für den Krokant ein Backblech mit etwas Öl einfetten. Zucker, Wasser und Mandeln in einem Topf bei geringer Hitze unter Rühren erwärmen, bis sich der Zucker aufgelöst hat. Die Masse 6–10 Minuten, ohne zu rühren, leicht köcheln lassen. Sobald sie eine goldbraune Farbe angenommen hat, gleichmäßig auf dem vorbereiteten Backblech verteilen. Mindestens 1 Stunde abkühlen lassen, bis der Krokant kalt und hart geworden ist. Den Krokant in Stücke brechen und in der Küchenmaschine zu feinen Stückchen verarbeiten. Schokolade und Milch in einem großen Topf bei geringer Hitze unter Rühren erwärmen, bis die Schokolade geschmolzen ist. Den Topf vom Herd nehmen. Eigelb und Zucker in einer Schüssel cremig rühren. Die Schokoladenmilch unter Rühren zugießen und alles vermengen. Die Masse in den ausgespülten Topf gießen und bei geringer Hitze 10–15 Minuten unter Rühren eindicken, bis sie auf dem Rücken eines Holzlöffels haften bleibt. Die Creme nicht aufkochen, sonst gerinnt sie. Den Topf vom Herd nehmen und in eine große Schüssel mit Eiswasser stellen. Die Creme 1 Stunde abkühlen lassen, dabei gelegentlich umrühren, damit sich auf der Oberfläche keine Haut bildet. Die Sahne unterheben.

Bei Gebrauch einer Eismaschine die Creme einfüllen und nach Herstelleranweisung zu Eiscreme verarbeiten; kurz bevor die Masse gefriert, den Krokant zugeben. Alternativ die Creme in einen gefriergeeigneten Behälter füllen und unbedeckt 1–2 Stunden ins Gefrierfach stellen. Dann in eine Schüssel geben und alles mit einer Gabel gut verrühren. Den Krokant unterrühren, die Masse zurück in den Behälter geben und weitere 2–3 Stunden ins Gefrierfach stellen, bis sie fest ist.

Zur weiteren Lagerung den Behälter gut verschließen und ins Gefrierfach stellen. Die Eiscreme 15–20 Minuten vor dem Servieren aus dem Gefrierfach nehmen und im Kühlschrank leicht antauen lassen.

Kaffee-Bananen-Shake

Für 2 Personen

300 ml Milch

4 EL Instantkaffeepulver

150 g Vanilleeis

2 Bananen, in Stücke geschnitten und tiefgefroren

Milch und Kaffeepulver mit dem Mixer oder in der Küchenmaschine kurz verrühren. Das Eis zugeben und alles mixen. Die Bananen zufügen und das Ganze glatt pürieren.

Den Milchshake auf zwei Gläser verteilen und sofort servieren.

Eiscreme mit grünem Tee

Für 4 Personen

250 ml Milch

2 Eigelb

2 EL Zucker

2 EL Matcha (pulverisierter grüner Tee)

90 ml heißes Wasser

250 g Schlagsahne, steif geschlagen

Die Milch in einem großen Topf bis kurz vor dem Siedepunkt erhitzen. Den Topf vom Herd nehmen. Eigelb und Zucker in einer Schüssel cremig rühren. Die warme Milch unter Rühren langsam zugießen und alles gut vermengen.

Die Mischung in den ausgespülten Topf gießen und bei geringer Hitze 10–15 Minuten unter Rühren eindicken, bis sie auf dem Rücken eines Holzlöffels haften bleibt. Die Creme nicht aufkochen, sonst gerinnt sie.

Den Topf vom Herd nehmen und in eine große Schüssel mit Eiswasser stellen. Die Creme 1 Stunde abkühlen lassen, dabei gelegentlich umrühren, damit sich auf der Oberfläche keine Haut bildet. Das Matcha-Pulver im heißen Wasser auflösen und unter die Creme rühren.

Bei Gebrauch einer Eismaschine die Sahne unter die Creme heben, diese in die Eismaschine füllen und nach Herstelleranweisung zu Eiscreme verarbeiten. Alternativ die Sahne unter die Creme heben, diese in einen gefriergeeigneten Behälter füllen und unbedeckt 1–2 Stunden ins Gefrierfach stellen. Dann in eine Schüssel geben und alles mit einer Gabel gut verrühren. Zurück in den Behälter geben und weitere 2–3 Stunden ins Gefrierfach stellen, bis die Masse fest ist.

Zur weiteren Lagerung den Behälter gut verschließen und ins Gefrierfach stellen. Die Eiscreme 15–20 Minuten vor dem Servieren aus dem Gefrierfach nehmen und im Kühlschrank leicht antauen lassen.

Italienisches Pistazieneis

Für 6–8 Personen

875 ml Milch

1 Vanillestange, aufgeschlitzt

9 Eigelb

200 g Zucker

2 EL Mandellikör (nach Belieben)

einige Tropfen grüne Lebensmittelfarbe (nach Belieben)

150 g blanchierte Pistazienkerne, fein gehackt

Die Milch in einem großen Topf zusammen mit der Vanillestange zum Sieden bringen. Den Topf vom Herd nehmen und die Milch 15 Minuten ziehen lassen.

Eigelb und Zucker in einer Schüssel cremig schlagen. Die Vanillestange entfernen und die Milch in einem dünnen Strahl unter ständigem Rühren in die Eimasse geben. Die Creme durch ein Haarsieb in den ausgespülten Topf passieren und unter ständigem Rühren 10–15 Minuten bei geringer Hitze eindicken, bis sie auf einem Holzlöffel haften bleibt. Die Creme nicht aufkochen, sonst gerinnt sie. Alternativ über Wasserdampf eindicken.

Den Topf vom Herd nehmen und die Creme mindestens 1 Stunde abkühlen lassen. Gelegentlich rühren, damit sich auf der Oberfläche keine Haut bildet. Mandellikör und Lebensmittelfarbe, falls erwünscht, für eine zarte Grünfärbung in die erkaltete Creme rühren.

Bei Gebrauch einer Eismaschine die Creme einfüllen und nach Herstelleranweisung zu Eiscreme verarbeiten. Wenn die Eismasse fast gefroren ist, die gehackten Pistazien unterrühren. Alternativ die Creme in einen gefriergeeigneten Behälter füllen und unbedeckt 1–2 Stunden ins Gefrierfach stellen, bis sie am Rand fest wird. Dann in eine Schüssel geben und alles mit einer Gabel gut verrühren. Die gehackten Pistazien unterrühren. Zurück in den Behälter geben und weitere 2–3 Stunden ins Gefrierfach stellen, bis das Eis fest ist.

Zur weiteren Lagerung den Behälter gut verschließen und ins Gefrierfach stellen. Die Eiscreme 15–20 Minuten vor dem Servieren aus dem Gefrierfach nehmen und im Kühlschrank leicht antauen lassen.

Cremiges Karamelleis

Für 6–8 Personen

zerlassene Butter, zum Einfetten
80 g Zucker
2 EL heller Zuckerrübensirup
1 TL Natron
400 g Schlagsahne
400 g gezuckerte Kondensmilch

Ein Backblech mit der Butter einfetten. Zucker und Sirup in einem großen Topf erwärmen, bis sich der Zucker aufgelöst hat. Dann 1–2 Minuten unter Rühren köcheln lassen, bis die Mischung zu karamellisieren beginnt; dabei darauf achten, dass die Masse nicht anbrennt. Das Natron unterrühren und die Mischung sofort auf das vorbereitete Backblech gießen, jedoch nicht verstreichen. Etwa 10 Minuten abkühlen lassen, dann in einen Gefrierbeutel füllen und mit einer Teigrolle fein zerbröseln.

Die Sahne steif schlagen, dann die Kondensmilch unterheben. Bei Gebrauch einer Eismaschine die Mischung einfüllen und nach Herstelleranweisung zu Eiscreme verarbeiten; kurz bevor die Creme gefriert, den Karamell zufügen, dabei ein wenig zum Garnieren zurückbehalten. Alternativ die Mischung in einen gefriergeeigneten Behälter füllen und unbedeckt 1–2 Stunden ins Gefrierfach stellen. Dann in eine Schüssel geben und alles mit einer Gabel gut verrühren. Den Karamell zufügen und gut vermengen. Die Masse zurück in den Behälter geben und weitere 2–3 Stunden ins Gefrierfach stellen, bis sie fest ist.

Zur weiteren Lagerung den Behälter gut verschließen und ins Gefrierfach stellen. Die Eiscreme 15–20 Minuten vor dem Servieren aus dem Gefrierfach nehmen und im Kühlschrank leicht antauen lassen. Auf Servierschalen verteilen, mit etwas Karamell bestreuen und servieren.

Marshmallow-Schoko-Eiscreme

Für 6–8 Personen

300 ml Milch

100 g Vollmilchschokolade, in kleinen Stücken

3 Eigelb

80 g Zucker

300 g Schlagsahne

100 g Zartbitterschokolade, grob gehackt

50 g abgezogene Mandeln, grob gehackt

50 g Mini-Marshmallows, halbiert

50 g Belegkirschen, geviertelt

Milch und Vollmilchschokolade in einem großen Topf bei geringer Hitze unter Rühren erwärmen, bis die Schokolade geschmolzen ist. Den Topf vom Herd nehmen. Eigelb und Zucker in einer Schüssel cremig schlagen. Die warme Milch unter Rühren langsam zugießen und alles gut vermengen.

Die Mischung in den ausgespülten Topf gießen und bei geringer Hitze 10–15 Minuten unter Rühren eindicken, bis sie auf dem Rücken eines Holzlöffels haften bleibt. Die Creme nicht aufkochen, sonst gerinnt sie.

Den Topf vom Herd nehmen und in eine große Schüssel mit Eiswasser stellen. Die Creme 1 Stunde abkühlen lassen, dabei gelegentlich umrühren, damit sich auf der Oberfläche keine Haut bildet. Die Schlagsahne steif schlagen.

Bei Verwendung einer Eismaschine die Sahne unter die Creme heben und diese nach Herstelleranweisung zu Eiscreme verarbeiten; kurz bevor die Creme gefriert, Zartbitterschokolade, Mandeln, Marshmallows und Kirschen unterrühren. Alternativ die Sahne unter die Creme heben, in einen gefriergeeigneten Behälter füllen und unbedeckt 1–2 Stunden ins Gefrierfach stellen. Dann in eine Schüssel geben und alles mit einer Gabel gut verrühren. Zartbitterschokolade, Mandeln, Marshmallows und Kirschen untermengen. Die Masse zurück in den Behälter geben und weitere 2–3 Stunden ins Gefrierfach stellen, bis sie fest ist.

Zur weiteren Lagerung den Behälter gut verschließen und ins Gefrierfach stellen. Die Eiscreme 15–20 Minuten vor dem Servieren aus dem Gefrierfach nehmen und im Kühlschrank leicht antauen lassen.

Perfekte Begleiter

Schokoladensauce

Für 4–6 Personen

300 ml Milch

25 g Butter

80 g Zucker

80 g brauner Zucker

80 g Kakaopulver

Eiscreme nach Wahl, zum Servieren

Alle Zutaten außer der Eiscreme in einem großen Topf bei geringer Hitze unter Rühren erwärmen, bis sich der Zucker aufgelöst hat. Alles zum Kochen bringen und, ohne zu rühren, 2 Minuten eindicken, bis die Sauce auf dem Rücken eines Holzlöffels haften bleibt.

Heiß oder kalt zu Eiscreme servieren.

Heiße Schoko-Sirup-Sauce

Für 4–6 Personen

50 g Zartbitterschokolade, in kleinen Stücken
25 g Butter
4 EL Milch
250 g brauner Zucker
2 EL heller Zuckerrübensirup
Eiscreme nach Wahl, zum Servieren

Diese Sauce soll beim Servieren wirklich heiß sein, deshalb sollte sie auch erst unmittelbar vor dem Servieren zubereitet werden. Eine hitzebeständige Schüssel auf einen Topf mit leicht köchelndem Wasser setzen. Schokolade, Butter und Milch hineingeben und unter Rühren erwärmen, bis die Schokolade geschmolzen ist.

Die Schokoladenmischung in einen Topf geben, Zucker und Sirup zufügen. Bei geringer Hitze unter Rühren erwärmen, bis sich der Zucker aufgelöst hat. Alles zum Kochen bringen und, ohne zu rühren, 5 Minuten einkochen. Die Sauce sofort zu Eiscreme servieren.

Himbeersauce

Für 6 Personen

350 g frische oder tiefgefrorene Himbeeren
1 TL Zitronensaft
2 EL Puderzucker
2 EL Himbeerlikör (nach Belieben)
Eiscreme nach Wahl, zum Servieren

Falls tiefgefrorene Himbeeren verwendet werden, sollten diese in einer Schüssel 3–4 Stunden bei Zimmertemperatur auftauen. Himbeeren und Zitronensaft in der Küchenmaschine oder mit dem Mixer fein pürieren. Die Masse durch ein Haarsieb in eine Schüssel passieren, um die Kerne zu entfernen.

Den Puderzucker über das Himbeerpüree sieben und alles gut vermengen. Falls verwendet, den Himbeerlikör unterrühren. Die Sauce vor dem Servieren mindestens 1 Stunde in den Kühlschrank stellen. Zu Eiscreme servieren.

Karamellsauce

Für 6 Personen

50 g Butter

140 g brauner Zucker

140 g heller Zuckerrübensirup

150 g Schlagsahne extra

Eiscreme nach Wahl, zum Servieren

Butter, Zucker und Sirup in einem Topf bei geringer Hitze unter Rühren erwärmen, bis sich der Zucker aufgelöst hat. Weitere 5 Minuten unter gelegentlichem Rühren erhitzen, bis eine dickflüssige Sauce entsteht.

Den Topf vom Herd nehmen. Die Schlagsahne nach und nach unter die Sauce rühren. Heiß oder kalt zu Eiscreme servieren.

Cranberry-Orangen-Sauce

Für 4–6 Personen

250 g frische oder tiefgefrorene Cranberrys

300 ml frisch gepresster Orangensaft

1 Zimtstange

100 g Zucker

Saft von ½ Zitrone

Eiscreme und Waffelröllchen, zum Servieren

Cranberrys, Orangensaft und Zimtstange in einem Topf zum Kochen bringen. Die Hitze reduzieren und alles unbedeckt etwa 15–20 Minuten köcheln lassen, bis die Cranberrys aufplatzen. Vom Herd nehmen und abkühlen lassen. Die Zimtstange entfernen.

Die Cranberrys samt Saft in der Küchenmaschine oder mit dem Mixer zu Püree verarbeiten. Durch ein Haarsieb in eine Schüssel passieren, um die Kerne zu entfernen.

Das Püree mit dem Zucker in den ausgespülten Topf geben und bei geringer Hitze unter Rühren erwärmen, bis sich der Zucker aufgelöst hat. Den Zitronensaft einrühren und die Sauce abkühlen lassen. Dann die Sauce für mindestens 3 Stunden in den Kühlschrank stellen. Mit Eiscreme und Waffelröllchen servieren.

Bananen
  Bananen-Shake mit
    Gewürzen 42
  Kaffee-Bananen-
    Shake 58

Champagner-Sorbet 54
Cranberry-Orangen-
  Sauce 78

Eiscreme mit grünem
  Tee 60
Eis mit Karamell und
  Pekannüssen 50
Eis mit Kirschstücken 34
Erdbeeren
  Erdbeer-Sahne-
    Shake 16
  Sommerfrucht-
    Smoothie 38

Himbeeren
  Himbeer-Sahne-Eis 30
  Himbeersauce 74
  Sommerfrucht-
    Smoothie 38
  Sorbet aus roten
    Beeren 32

Joghurt: Pfirsich-
  Orangen-Shake 36

Johannisbeeren: Sorbet
  aus roten Beeren 32

Kaffee
  Kaffee-Bananen-
    Shake 58
  Mokka-Shake 20
Karamell
  Cremiges Karamell-
    eis 64
  Eis mit Karamell und
    Pekannüssen 50
  Karamellsauce 76
  Sahne-Karamell-
    Eiscreme 18

Kirschen
  Eis mit Kirsch-
    stücken 34
  Marshmallow-Schoko-
    Eiscreme 66
Krokant: Schokoladeneis
  mit Krokant 56

Mandeln
  Marshmallow-Schoko-
    Eiscreme 66
  Schokoladeneis mit
    Krokant 56
Mango-Sorbet 44
Marshmallow-Schoko-
  Eiscreme 66
Milchshakes
  Bananen-Shake mit
    Gewürzen 42
  Erdbeer-Sahne-
    Shake 16
  Kaffee-Bananen-
    Shake 58
  Mokka-Shake 20
  Pfirsich-Orangen-
    Shake 36
  Schokoladen-Milch-
    shake 12
  Schoko-Minz-Shake 52

Pekannüsse: Eis mit
  Karamell und Pekan-
    nüssen 50
Pfefferminze: Schoko-
  Minz-Shake 52
Pfirsich-Orangen-
  Shake 36
Pflaumenschaum 46
Pistazieneis,
  Italienisches 62

Rahmeis 10
Rum-Rosinen-
  Eiscreme 26

Sahne-Karamell-
  Eiscreme 18

Schokolade
  Cremiges Schokoladen-
    eis 22
  Heiße Schoko-Sirup-
    Sauce 72
  Marshmallow-Schoko-
    Eiscreme 66
  Schokoladeneis mit
    Krokant 56
  Schokoladen-Milch-
    shake 12
  Schokoladensauce 70
  Schoko-Minz-Shake 52
  Stracciatella-Eis 14
Smoothie: Sommerfrucht-
  Smoothie 38
Sorbet
  Champagner- Sorbet 54
  Mango-Sorbet 44
  Sorbet aus roten
    Beeren 32
  Traubenschorle mit
    Sorbet 40
Stracciatella-Eis 14

Tee: Eiscreme mit
  grünem Tee 60
Traubenschorle mit
  Sorbet 40

Vanilleeis,
  Italienisches 24

Zuckerrübensirup
  Cremiges Karamell-
    eis 64
  Cremiges Schokoladen-
    eis 22
  Heiße Schoko-Sirup-
    Sauce 72
  Karamellsauce 76